L'esclave damné de notre éternité

© 2018, L. Burckert
Edition : Books on Demand,
12/14 rond-Point des Champs Elysées, 75008 Paris, France
Impression : BoD-Books on Demand, Norderstedt, Allemagne
ISBN : 9782322102396
Dépôt légal : janvier 2018

L. Burckert

L'esclave damné de notre éternité

*A toutes les âmes perdues en l'immensité de l'amour
Prisonnières de ce vaste entendement
Suivez votre cœur mais n'oubliez pas votre raison*

Post-scriptum : je t'aime

Les anges de l'enfer,
Les démons du paradis

Mes souvenirs glacés se brisent et se condensent,
Ma mémoire hiberne en sûreté,
Pendant que mon âme longe les aires de plaisance,
L'arbre là-bas meurt en liberté.

Tu demeures mon amour pour la dernière fois.
L'avalanche de ton sang se mêle avec mes larmes.
Les aiguilles ne tournent plus, là, à cause de moi.

Ce baiser naviguant dans les flots,
Pétille puis s'évapore sur mon corps,
Un mauvais présage est annoncé par l'arrivée des corbeaux,
Dans cette faille rocheuse je m'endors.

Combien de tissus de mon amour vas-tu encore emporter,
Rien ne reste jamais pur, je t'assure.
Du haut de cette falaise je me laisse alors tomber.

Les fuseaux horaires grésillent dans mes tympans,
La chaleur martèle mon enchantement,
Pendant que la lame crie en pénétrant,

Avec amertume je la laisse me caresser la chair lentement

J'écrase la liberté et lèche l'avidité,
Je te cherche et passe de la lumière aux ténèbres sans te trouver, hélas.
J'aperçois le Colorado desséché par un rude été.

J'appelle ton nom haut et fort sur le chemin de la pénombre.
Tu m'attends de l'autre côté de la frontière
Je distingue à chaque coin de rue ton ombre,
Je ne crois plus en toi mais il me reste toujours les prières.

Le son de mes semelles qui se déchirent
Contre le sol craquelé d'une rivière abandonnée,
M'est familier comme celui de ta voix,

Je prie les Dieux et blasphème ton angoisse,
L'amertume me guide ma conduite mais la résistance l'emporte,
Seule l'humanité m'est donnée par cette paroisse,
Mais tu es cachée derrière l'une de ces mille portes,

Je vois la cire couler de tes yeux,
Le tableau que j'avais fait de toi vole en éclats,
Devant la cheminée le chevalier ne demeure preux,

Ils nous paraissent si gentils ces salopards de rôdeurs,
A compter les sous autant que nos défaites,
A arpenter nos rues en quête de nos peurs,
Ils nous prennent nos richesses et ne nous laissent que des miettes,

Je remplacerai la terre de mon jardin par du bon vieux tabac,
Je creuserai moi-même ma future demeure,
L'âme en peine mais la certitude qu'une pierre de granite me couvrira

Malheureusement je dois, pour cette évasion,
Attendre la flèche d'un ange pour crever,
Mais j'ai beau me prêter toutes les illusions,
Pour moi elle sera enflammée et bien aiguisée,

L'heure a sonné la cérémonie va commencer,
Satan n'a plus qu'à prier pour qu'un ange ne s'attache à moi,
J'ai eu beau sauver ton âme mais le démon a gagné.

L'enfer ici est tendre et langoureux,
De ma prison je t'aperçois de l'autre côté des cieux,
Je suis privé de t'aimer mais je connais mon vœu,
Celui de voir ton sourire glacer les flammes d'un enfer heureux.

Je perçois ta silhouette comme je m'imagine des formes dans les nuages

Je perçois ta silhouette comme je m'imagine des formes dans les nuages,
Je vois la lueur de tes yeux se fermer et se briser,
Je ne peux plus ressentir de l'amour mais je ne peux ressentir de la haine,

Dans ton cou je voulais déposer un baiser,
Mais je sentais ta fatigue et l'abandon de ta joie de vivre,
Serait-ce à cause de moi ?
Mes larmes de cristal se cassent et percutent mon cœur entre deux battements

J'écris des accords peints de notes

J'écris des accords peints de notes.
J'entends ta voix dans le vent,
La brise fraîche sur la sueur de mon visage,
Les battements des ailes se fracassant dans l'air,
Cet aigle noir, là-bas, se laisse porter vers l'horizon.

Une mer rouge de débris rocheux,
Ce sable ocre brûle au reflet d'un soleil couchant.
Un nuage de rédemption,
Le vaste chantier de ma conscience.
La chaleur d'une tendre soirée.

Un baiser naviguant dans les flots.
Le Colorado desséché d'un rude été.
La fumée de poussière sortant des pneus en mouvement,
Caoutchouc brûlé par les rayons transcendants.
Le Zippo du diable s'enflamme.

Ta silhouette hante mes rêves.
Le feu rouge m'interdit de t'aimer,
S'il est vert je peux t'offrir mon âme à volonté.
Le paradis du diable s'efforce de m'attendre.

Sa grande porte en ferronnerie me reste ouverte.

Les bois de ce cerf transpercent l'aura de la solitude.
En pensant à toi je me sens désespérément seul.
Le long de cette lame coulent des larmes,
J'y vois des cristaux à travers, éblouissants et luisants de certitudes.

Les barreaux de ma maison tombent toutes les nuits.
Les voiles de mon imagination se déploient lorsque je m'endors.
Les leds du motel d'en-face m'aveuglent lors de mes insomnies,
Je passe le temps à regarder par la fenêtre.
J'aperçois alors les phares coupants du pick-up d'en bas

Ma passion en ton âme perdurera

Un bâton d'acier fracasse la taule,
La taule de ma prison et de mon imagination,
L'imagination d'un son grisant et grinçant.

Les étoiles sont noires et le ciel est en argent,
L'argent que conquirent les gouttes d'eau reflète les murs,
Murs bâtis de miroirs sans projection.

Les spots s'éteignent et les miroirs reflètent,
Les reflets de ton visage s'invitent entre les fines couches d'acier et de verre,
Ces verres qui explosent à travers la pièce,
Pièce inondée de débris luisants,
Luisent tes yeux, douleur,
Douloureuses sont les blessures et les coupures.

Je te vois, tu t'éloignes.
Je t'entends, tu cries, tu te tais.
Ton cœur bat, tu t'éteins, pétrifiée.
Ton regard s'efface dans mon souvenir.
Je veux te retenir mais tu t'en vas,
Tel un fantôme, tu restes imprenable.
Tu meurs ? Je me meurs

A mon réveil, allongé,
Mes mains, mes jambes, ma tête,
Mon corps entier est attaché, ligoté
Les lumières éblouissantes du plafond,
Transforment ma vision en une aura claire.

C'est certainement un laboratoire.
Expérimentation de mon psychique,
Mes pensées pour toi sont-elles si passionnantes ?
Une photo de toi est déposée sur la table où je me trouvais.

Tu es allongée à côté de moi,
Tes yeux sont fermés, ton cœur est ouvert.
Je regarde mon corps, mon cœur s'est enfui.
Ils déposent un cœur à la place du tien.
Je comprends à présent.

La mort m'envahit mais mon cœur survit.
Mon cœur vit pour mon amour,
Pour toi, mon infini présent, mon éternité.

Je rêvais, en fait,
Nous dormions, en fait,
Les blessures du verre étaient celles du scalpel, en fait,
Le son de l'acier et de la taule n'était que le bruit des machines qui m'entouraient, en fait.

Écoute les derniers accords que je t'offre,

Écris ces notes, écris-les.
Lis mes mots, lis-les.
Les vers que je t'ai écrits durant toutes mes nuits.
Tu y trouveras la frénésie de mon amour,
En fait, tu verras apparaître,
Une phrase, seulement,
Une des plus courtes,
"Ma passion en ton âme perdurera"

Esquive-toi cette nuit

Esquive-toi cette nuit,
Je te veux, toujours et encore,
Pardonne-moi ces mots,
Mais n'aie pas peur de mon amour,
Ceux qui ne sont pas effrayés,
Ne résistent jamais à la crainte,
Prisonniers d'une maison en feu,
A mille lieues au-dessus des cieux,
Je ne peux sauter de si haut,
Je songe, pourtant, à toi,
Je m'évade et,
Me laisse porter hors de mon hôte,
Mon esprit traversant ta chambre,
Ne te glace pas comme un courant d'air,
Non, c'est une brise qui,
Réchauffe ton être,
Un vent braisé de flammes,
Viens ici cette nuit,
Derrière la voûte céleste,
Après mille renaissances,
Mes pensées pour toi resteront immuables

Le pantin de la vie

Les nuits de rêves et de douleurs
Lentes, calmes et asphyxiantes,
Me bercent chaque soir

Les souvenirs se plantent,
Comme une lame, froide et glaciale
Je m'y enferme et tente de m'évader

La douce mélodie de l'harmonica,
Si joyeuse, pourtant,
Laisse mes larmes couler et s'aiguiser

Les draps qui me recouvrent,
Ne me réchauffent pas
Un tissu aussi blanc que les pages de mes livres

La douleur insupportable je la connais,
Elle te prend à la gorge, descend, envahit tes poumons,
Te brise le cœur et déchire tes tripes

Elle s'enfonce jusque dans ton âme,
Puis rallume la lumière un instant,

Pour te rappeler le bonheur et l'espoir, et te l'arrache à nouveau

C'est ça être le pantin de la vie,
Elle te reprend tout ce qu'elle te donne,
Et tous ceux que t'aimes t'abandonnent

Ce que l'on est n'a pas d'espoir,
Tu dépends de ce que les autres pensent
Ils te condamnent et te laissent te fracasser

La chandelle valse dans le noir,
S'accroche aux rideaux de ta chambre,
Et enveloppe ton sommeil de flammes

Tu essaies, tu essaies de l'appeler,
Tu étouffes, il ne t'entend pas,
Tu cries encore, et encore plus fort

Mais tu dors profondément,
Tu cherches ton souffle, à ouvrir les yeux,
Tu le vois mais lui est enfermé dans le train qui passe devant toi

Dans la vallée des damnés

Dans la vallée des damnés
Le sol est si sec,
Que mes semelles s'arrachent à chaque pas

Au pied du saule pleureur,
J'aperçois une rivière,
Qui s'enfonce dans la brume

Un ruissellement ambré
D'où s'en dégage un parfum houblonné
Et dont on n'en voit pas le fond

J'entends au loin,
Le sifflement d'un train,
Qui se perd dans les montagnes

Ma montre est brisée
Mais les aiguilles tournent
Le son du temps me parvient encore

Je ne sais plus qui je suis,
Je ne me souviens plus de rien,
De rien, à part peut-être,

Cette femme, si belle et tellement triste,
Au pied d'une tombe
Une dalle de granite gelée par l'hiver

Mais je continue de marcher,
Droit devant moi,
Sans savoir où je vais

Le rythme de mes pas
Est si lent,
Mais la cadence reste la même

J'avance et m'enfonce dans l'oubli

Mon âme perdue en ton être

Je veux caresser ton visage pour en dessiner les traits chaque nuit,
Je veux me plonger dans un tendre rêve,
Un rêve où ton sourire me réchauffe le cœur,
Où ton visage s'illumine dans la clarté du soleil,
Où tes cheveux se décoiffent dans le vent,
Où ton parfum se glisse dans l'air.
Je veux te faire découvrir la richesse de mon amour,
Laisse mes sentiments t'envahir,
L'éternité te paraîtra trop courte,
Je tombe de frénésie lorsque je plonge dans le bleu profond de tes yeux.
Mon âme perdue en ton être.
La promesse d'un amour plein de vertus.
Je t'aime amour inconscient.

La comète

Elle était farouchement indépendante et intimement sensible. Elle était à la fois forte et intelligente. Sa douceur était méthodique et timide. J'attendais dès lors patiemment le retour de la comète. Elle était si belle et entraînait avec elle sa chevelure blonde et dorée en feu. Tous les astres se déplaçaient pour qu'elle puisse parcourir un chemin digne d'Atlas. Devrais-je vraiment l'attendre ? Attendre qu'elle repasse dans ce ciel ténébreux et sombre ? L'espérance et la foi me donnaient cette conviction qu'un jour je la reverrais. A la lisière de mon entendement demeurait le combat entre le rêve et la réalité. Tu me délaissas aux portes de la délibération. J'étais à ce moment précis en quête de perspectives, une réponse ?

Pour toujours et à jamais

Ne pleure plus
Si tu crois que je ne suis plus là
Si tu crois que tu es parti sans moi
Oh non,
Garde-moi dans ton cœur
Et si tu me manques, je regarderais vers le ciel
Parce que tu m'as dit un jour,
Que lorsque tu ne seras plus là,
Tu seras une de ces étoiles, là-haut

Et celui qui veut me briser
Livrera la bataille de sa vie
Car je t'aimerai, pour toujours et à jamais

Le moment le plus dur de ma vie est celui-là,
Celui où je t'ai dit que je t'aimais,
Sans pouvoir voir ton regard
Celui où je t'ai fait le dernier câlin de ma vie,
En sentant ton cœur battre, en entendant la souffrance étouffer ton âme

Et celui qui veut me briser
Livrera la bataille de sa vie
Car je t'aimerai, pour toujours et à jamais !

Je ne peux te dire au revoir
Car le plus dur c'est de ne garder que des souvenirs,
Qui avec le temps se perdront
Je veux te revoir, et je te reverrai
Car la force qui m'habite me vient de toi,
Un courage, un espoir qui m'élèvera jusqu'à toi

Pour mon père...

Et la foule se mit alors à chanter

Il s'avançait sous la pluie lentement,
Sa vieille guitare acoustique à la main.
Là, au milieu de la scène,
Dans le bruit sourd d'une foule désespérée,
Il jouait les premiers accords, seul
Plus personne ne prononçait le moindre mot,
Les larmes aux yeux et heureux

Là, au milieu de la scène,
Les simples accords d'un artiste,
Rendaient ce moment inoubliable

Les rayons d'un soleil couchant se perdaient sur le champ,
L'horizon paraissait de plus en plus sombre
Le morceau durait depuis plus de dix minutes,
Tout le monde pensait que c'était la fin
Mais, une personne brandit son briquet et chanta,
La foule se mit alors à chanter,

Là, au milieu du champ,
La musique inondée par l'amour,
Restera à jamais dans leurs mémoires

Ne pars pas

Ne pars pas,
Parce que j'ai peur sans toi
Ne pars pas,
Si tu ne veux pas me briser
Ne pars pas,
Parce que le ciel va s'écraser
Ne pars pas,
Parce que la nuit m'effraie
Ne pars pas,
S'il te plaît,
Je veux t'épouser

Je veux,
Te suivre où que tu ailles
Je veux,
Sécher tes larmes et tes douleurs
Je veux,
Te faire jouir toutes les nuits
Je veux,
T'offrir le nirvana le plus lointain
Je veux,
T'épouser dans une putain d'église !

Cette nuit,

Mes sens se perdent en illusion
Cette nuit,
Guerre et amour n'auront plus de raison sans toi
Cette nuit,
La pluie de comètes s'enchaîne à mon âme
Cette nuit,
Et pour toujours,
Je veux t'aimer

Il n'est plus temps pour l'amour

Il n'est plus temps pour l'amour,
Il n'est plus temps de rien,
Je ne veux plus vivre ici,
Je ne peux plus vivre pour toi,
Et c'est pourquoi je te dis adieu

Tu m'as fendu l'âme,
Et fusillé mes rêves et mes espoirs,
J'ai tant attendu,
Et tu m'as tant oublié,
Le paradis ne serait-il que ténèbres ?

Ne pleure plus

Ne pleure pas,
Je suis près de toi
Ouvre la fenêtre,
Pour sentir une brise,
Qui sera un semblant de caresse

Ne pleure pas cette nuit,
Le ciel est dégagé
Les étoiles paraissent s'éteindre

Toutes, sauf une

Ne pleure pas,
Je suis si près
Eteins la lumière
Et imagine-moi dans l'ombre

Ne pleure pas cette nuit,
Le ciel est dégagé
Les étoiles paraissent s'éteindre

Toutes, sauf une

Ne pleure plus,
Je suis là
Allonge-toi
Je veux sentir l'odeur de ton corps
Je veux deviner ta peau sous mes doigts
Endors-toi,
Je te ferai l'amour dans un rêve

Ne pleure plus,
Le soleil va bientôt se lever
Je vais devoir te quitter
Tu pourras sentir dans tes draps
La chaleur de mon corps
A demain soir,
Mon amour

Ton étoile…

Au revoir

Demain ne sera pas meilleur
Sous la pluie, dans la brume
Ou bien même sous un soleil brûlant
Le temps restera inondé de douleur

Bercé par ton souvenir
Je cherche mon souffle
Et que quelqu'un me donne un peu d'amour
Mais personne ne le peut

Je n'ai plus de famille
Ma maison, habitée par d'autres
Les rues pourtant si familières,
Me viennent d'une vie passée

Un jour ils te donnent un espoir,
Et te l'arrachent le lendemain
Je n'ai plus l'envie de me lever
Je n'ai plus le souhait d'avancer

Aucune promesse ne dure
Ce n'est rien d'autre qu'un vague espoir
Qui une fois rompu,
Nous enchaîne à l'ancre d'un bateau

Noyé sous les flots de l'ignorance
Mon âme entrainée par les courants
N'est plus que le profond souvenir,
D'un être mourant

Le sang coule le long de tes ailes

Le sang coule le long de tes ailes
Et s'écrase sur ma tombe
Tes larmes gèlent
Et se brisent en percutant la pierre

Un vieillard assis sur un banc,
Une bouteille à la main,
Une cigarette dans l'autre,
Le visage anéanti par la vie

Les lanternes de l'allée s'éteignent
Par le souffle terrifiant du vent
Le mégot tombe sur son bras
Et l'homme s'enflamme mais semble attendre la mort, pétrifié

Tu entends cet air au piano ?
Elle ne se doute pas que cette nuit,
Les flammes de l'enfer ravageront sa si belle maison
Avec cette fille au sommeil profond

Tu vois cette lumière au milieu du village ?
Ce n'est rien d'autre que des bougies qui brûlent,

Au milieu de cette foule
Et de ces chants

J'ai volé mon âme à Hadès,
Et toi, être si pur,
Si beau et si généreux,
Reflet du ciel et des mers

Tu seras leur sauveur
Cette nuit et jusqu'à la fin des temps
Je te dis adieu car je pars pour le prochain train
En direction des abîmes de la Terre

Je te souhaite un merveilleux Noël

La guerre des âmes perdues

Les soldats aveuglés de désespoir
En traînant la crosse de leurs fusils
Le long des champs de corps
Prient un souvenir déchu

Les vagues de sang échouent sur le rivage
Entre les corps détruits et arrachés
La pluie de sang coule sur les visages des survivants
Tiraillés par la peur d'une mort certaine

Le phœnix renaîtra

De ses ailes d'or et de feu
Par-delà le vitrail
Le phœnix renaîtra

Des flammes de la mort
Du souffle du vent
Le phœnix renaîtra

De son plumage ambré
De sa prestance
Le phœnix renaîtra

De la foi qu'il offre
De son envol céleste
Le phœnix renaîtra

Oh maman

Si tu l'avais vue
Elle était si belle
Les yeux remplis d'innocence
Elle était si gracieuse
Elle tournait dans le vent
Il faisait tellement froid
Mais elle continuait
Avec son sourire enjoué
Elle sculptait la glace
Avec ses vieux patins que tu lui avais offerts

Elle était si jeune
Mais aujourd'hui
Elle a tant grandi
Elle reste pourtant
Notre petite fille
A chaque Noël
Lorsqu'elle me rend visite
Elle enfile ses patins
Et passe des heures sur la glace
Avec ce même sourire d'autrefois

Je veux la fracasser de violence

Je veux la fracasser de violence,
Cette amertume
Je veux les faire naufrager,
Tous ces bateaux
Je veux qu'ils se crashent,
Tous ces avions
Qu'ils sautent tous,
Ces compteurs électriques
Je veux les bombarder de cailloux,
Toutes ces pierres tombales
Qu'ils se déchirent tous leurs cuirs,
Ces motards
Que les larmes de leurs victimes,
Les brûlent jusqu'à la chair,
Ces violeurs affamés
Qu'elles brûlent toutes,
Ces forêts asséchées
Qu'ils se noient tous,
Ces cœurs abusés par l'alcool
Je veux qu'ils la ressentent tous,
Cette douleur acide qui te bouffe l'âme
Qu'ils la ressentent tous

L'esclave damné de notre éternité

Je veux graver l'encre sur mes pages,
Comme je me tailladerais ton âme sur mon corps
Je veux prier chaque soir,
Comme je m'imaginerais le plan blasphématoire de mon suicide
Je veux écouter ta voix sur le magnétophone,
Comme les derniers mots d'un mourant
Je jouerai ces derniers accords,
Comme si ma vie en était la mélodie
J'étudierai toute relativité,
Comme si l'univers était l'esclave damné de notre éternité
Je corromprai l'orgueil des croque-morts,
Comme si la vie était obscure et la mort qu'étincelle
Je me frapperai la tête jusqu'à en être amnésique,
Comme si mes souvenirs m'étouffaient
Je ramperai au doux son de la prophétie,
Comme si l'humiliation en était amusante
Je persécuterai la tristesse de ces pauvres gens,
Comme si leur Gospel n'en serait que meilleur
Je les guiderai sur le chemin de la pénombre,
Comme si mes pas creusaient leurs tombes
J'observerai le monde sans âme,

Comme s'il reflétait mon ombre
Je jetterai une bouteille dans les flots,
Comme si je voguais sur un astre,
Où la mer était ciel et le ciel était mer
Je ramerai pendant des heures,
Comme si les vagues traversaient les étoiles
Je regarderai l'au-delà
Comme si le rivage d'en face était le berceau du nirvana

Je croyais

Je croyais l'avoir oubliée
Après autant d'années

Je pensais que la douleur
Avait condensé mon amour

Je recommence à rêver d'elle
Comme au premier jour

J'ai tant perdu
Et tant espéré

Je me souviens de tout
Et ces souvenirs me transpercent l'âme de douleurs

Je l'aimais tellement
Mais cela ne lui suffisait pas

Nous faisions tellement de choses ensemble
Je n'ai que le souvenir de ses yeux emplis de joie

Hélas, elle a abandonné
Elle m'a abandonnée

Si vous croyez aux rêves

Si vous croyez aux rêves,
Prenez garde
Cela peut être merveilleux de voir
Ce dont vous avez le plus envie
Mais au fond,
Il peut être dangereux de vivre dans ses rêves
Car le jour où nous nous rendons compte
Que notre vie ne sera plus ce merveilleux rêve
Nous sombrerons dans un rêve éternel
Cette longue marche funèbre
A la quête d'un souvenir heureux

Reviens

Pourquoi tu m'as laissé
Malgré tes espoirs
Ils m'ont abandonné
Alors dis-moi
Pourquoi t'es mort ?

Tu m'as laissé aucun mot
Aucun plan, aucun chemin, aucune lettre
Tu t'es juste contenté de t'excuser
Et de partir
Sans dire quoi faire

Les jours ont changé,
Lorsque tu es parti
J'ai laissé le train s'envoler vers l'aurore
Avec les rires et les larmes d'autrefois,
Je l'ai laissé s'en aller

Chaque chose que j'ai faite
Chaque musique, chaque paysage
Ainsi que tous mes souvenirs
Et tous mes actes
Me rappellent ces moments avec toi

Je bois, je bois encore et encore
En implorant ton souvenir
La moindre réponse
Un simple signe
D'espoir

Mais rien,
Je continue à pleurer
A t'attendre
Mais je m'enfonce dans l'horreur
Bon dieu, pourquoi t'es mort ? Pourquoi ?

Tu es le seul à avoir fait ce que je suis
Et j'ai peur que tu ne voies pas ce que je deviens
Alors rentre
Je veux que tu me tiennes la main
Lorsque j'ai mal

Comme autrefois
Je veux qu'on écoute de la musique
Le long des trajets en voiture
Et qu'on en tape le rythme sur les rebords
Je veux que tu reviennes

Alors putain ! REVIENS !

Illusion

Et si en fait je ne te connaissais pas
T'aurais-je imaginée ?
Aurais-je mis ton visage sur mes espérances ?
Pourquoi t'ai-je tant affectionnée ?

Alors écoute-moi,
Lorsque je t'appelle
Ecoute ça
Ces cris d'espoir

Je me rends compte aujourd'hui
Que tu ne répondais pas
Que tu ne répondras jamais
Et pourtant, je veux t'attendre

Notre dernier adieu

C'est notre dernier adieu,
Celui que j'ai tant attendu

Allongé devant le lac
Le froid brisant toute envie

J'aperçois d'un côté de la rive
Le cortège de pleurs accompagnant la mort

Et de l'autre côté,
L'innocence d'un enfant s'amusant à se balancer dans le vent

Peut-être que tu ne repenseras jamais plus à moi
Ou peut-être que tu m'imagines en regardant par la fenêtre

Les particules de mon être abandonné s'envolent
Aucune prière ne saurait m'aider

Quant à ma raison,
Elle est aussi perdue que mon âme

Mais je sais une chose,

Mon amour pour toi perdurera à jamais

Elle valsait dans le vent

Elle valsait dans le vent,
Seule
Elle portait une robe légère et blanche
Elle dansait,
Pendant des heures
L'éclairage des bougies traduisait son ombre
Sur le sol,
Elle semblait dans un rêve,
Plaisant
Je ne cessais,
De la regarder
Les lustres reflétaient des lueurs sur son corps
Je ne comprenais pas,
Pourquoi j'étais le seul,
A y prêter attention
Ils semblaient tous,
Intéressés par la prestance,
Et la diplomatie,
De leurs discussions
Elle ne se souciait des autres,
Et les autres ne se souciaient d'elle
Lorsque la soirée fut terminée,
Elle était encore là
Ils étaient tous repartis

Mais je restais devant la porte,
A me demander,
Si elle avait remarqué notre absence
Mais nul regard ne se porta sur moi
Je sus alors,
Que ce n'était que mon imagination

Chante mes louages chaque soir

Crie pour moi,
Pleure pour moi,
Meurs pour moi,
Je suis ton unique sauveur
Ecoute ce que je dis
Lis ce que j'écris
Je suis le seul en qui tu dois croire
Chante mes louages chaque soir
Je veillerai sur toi
Aie confiance en la justice divine
Arrache-toi la chair de tes semelles
Pour accomplir mon vœu
Offre mon symbole pour foi
Je suis ton unique sauveur
Celui qui contrôle l'alignement des astres
Alors marche, bien droit
Suis le chemin que je t'ai tracé
Tu crois en moi ?
Ça y est ?
Alors accomplis mon dernier vœu,
Tue celui qui ne croira pas en mon aura

Le temps

Le temps nous sépare
Et nous rassemble
Il nous montre nos regrets
Et nos merveilleux souvenirs
Se projette dans le miroir
Et nous étouffe
Puis nous montre les beautés de chaque instant
Toutes ces valeurs qui font un être de foi
Tous ces paysages qui nous entourent
Il passe pourtant si lentement
Mais la fin nous effraye toujours
Alors que reste-t-il à la fin ?
Il passe, et passe et s'arrête
Il continue, et continue pour d'autres
Et s'arrête encore
Alors que reste-t-il une fois que tout est fini ?

Rester debout

Tu avances encore et encore,
Plus loin
Mais il s'efface,
Encore et encore plus
L'horizon que tu voyais jusqu'ici
Il se consume toujours et encore
L'être que tu voyais en toi,
Celui qui se reflétait dans le miroir,
Devant toi
Est-ce bien toi ?
Celui qui se tient bien droit,
Plein de remords et d'amours détruits par la jalousie d'autrui
Pourrais-tu rester debout,
Et ne plus avoir peur ?

Je t'attendrai

Je t'attendrai,
Pendant que le monde se détruira
Que les arbres mourront
Que les rivières s'assècheront
Et que les terres se noieront sous l'océan.

Je t'attendrai,
Pendant que l'univers dévoilera ses astres
Que la vieillesse me prendra
Que tous ceux que j'aime disparaîtront
Et que je regarderai la vie m'oublier.

Je t'attendrai,
Pendant que mes souvenirs se perdront
Que les photos blanchiront avec le temps
Que les roses se faneront
Et que la guitare se désaccordera

Je t'attendrai,
Pendant que tu m'oublieras

Pourquoi tous ceux que j'aime m'abandonnent ?

Pourquoi je sens la douleur me scarifier l'âme ?
Pourquoi la chaleur de mon corps
m'étouffe ?
Pourquoi le sang qui coule m'affaiblit ?
Pourquoi mon regard traduit tant de tristesse et de haine ?
Pourquoi mon cœur martèle aussi fort le rythme de ses battements ?
Pourquoi mes souvenirs me paralysent tant ?
Pourquoi je n'arrive pas à crier ?
Pourquoi tu reviens ?
Pourquoi tu repars ?
Pourquoi tu reviens et repars encore, toujours et incessamment ?
Pourquoi je t'aime encore alors que tu n'entends rien ?
Pourquoi tous ceux que j'aime m'abandonnent ?

Il faut savoir s'arrêter

Il faut savoir s'arrêter,
Quand la rue s'assombrit,
Et que les nuages couvrent les étoiles
Lorsque les bateaux arrivent à quai
Et jettent l'ancre au fond des rivages
Quand les pages restent blanches
Et que l'on n'arrive plus à écrire
Lorsque le drapeau est éclaboussé de sang
Et que la nation suffoque de ses blessures
Quand on se trouve sur le chemin de la pénombre
Et que l'on est seul face aux ténèbres
Lorsque la prophétie nous crucifie dès notre premier soupir
Et que la foi n'y changera rien
Quand le vent s'engouffre dans les mâts
Et que les vagues de l'enfer nous entraînent au fond des mers
Lorsque les étoiles que nous voyons aujourd'hui n'existent plus depuis longtemps
Et que le soleil se meurt chaque jour
Quand nous connaissons la destinée de notre univers
Et que nous faisons comme si nous pouvions y réchapper

Cet ange aux ailes brisées

Je le voyais tomber,
Cet ange aux ailes brisées
Je le voyais pleurer,
Marcher et ramper
Je m'avançais vers lui,
Et l'aidais à se relever
En posant la main sur mon épaule,
Il s'éloigna
La lumière autour de lui était si dense,
Le gris de ses yeux si doux
Et la douceur de sa peau intense
Je le voyais souffrir et avancer lentement
Une de ses ailes était déchirée
Lorsqu'il fut arrivé,
Face à l'eau,
Il tendit les bras vers le ciel
Je vis alors tous ses souvenirs s'enfuir à jamais de son entendement
Je compris alors,
Qu'il fut banni des cieux
Il avait accordé un peu d'amour à un humain
Mais il s'était rendu compte qu'il était le seul à s'attacher autant
Et sombra dans une tristesse éternelle

Car le reste de l'univers semblait indifférent à son amour
Ce n'étaient que les pantins des dieux
Vides d'amour, d'affection, de bonheur et de foi
L'ange avait trahi les dieux en donnant de l'espoir à cet humain
Mais son espoir se consuma sans l'aide des dieux
Et l'ange fut condamné à vivre sans amour, et en sachant que personne ne pourra jamais l'aimer,
Il se noya dans les profondeurs du Lake Tahoe

J'aime te parler

J'aime te parler
Avant de dormir
Et lorsque je me réveille
Caresser ta peau
Et sentir la chaleur de ton corps
Glisser délicatement mes doigts
Dans le creux de ta main
T'enlacer entre les draps
Regarder tes yeux pendant des heures
Ne pas pouvoir dormir
Pour passer plus de temps avec toi
Te voir sourire et te sentir respirer
Passer mes journées
Mes nuits
A te parler, t'écouter et t'embrasser
A songer à une vie avec toi
Dont je ne m'en déferai pas
Quand un beau matin
Je me rends compte
Que ce n'est pas à toi que je parle
Et que mes nuits ont leurs peines de solitude
Que j'imaginais ton visage et ton corps
Entre les tissus de souvenirs qu'il me restait de toi

**Si tu vois,
As-tu vu ?**

Si tu vois,
Sur le chemin,
Cette lumière vive
Si tu vois,
Chaque nuit,
Mon âme en pleurs
Si tu vois,
A travers les ténèbres,
Cette ombre dans le ciel
Si tu vois,
De l'autre côté du quai,
Cette silhouette qui monte dans le train
Si tu vois,
A la fin de cette guerre,
Le soldat genou à terre
Si tu vois,
A travers le temps,
Les années défiler devant toi
Si tu vois,
Dans mes yeux,
L'indifférence que je porte pour toi

Si tu vois,

Que la fin est proche,
Et que le vent ne tournera pas
Si tu vois,
Que personne ne veut de ton amour,
Et que nul ne t'en donnera
Si tu vois,
Le lendemain,
Et la pierre qui le recouvrira
Si tu vois,
S'en aller, la dernière personne que tu aimes,
As-tu vu,
Que toi tu es toujours là ?

L'horloge du temps

L'horloge du temps,
Brisée
Mes souvenirs,
L'ont remplacée
Ils inondent mes pensées,
Me scarifient la toison,
De mon orgueil
Intense,
Est la douleur
Tic,
Tac
Je la sens,
Me caresser la peau,
Cette solitude,
Cette peur
Le rythme de mes battements,
Se fracasse dans mes tympans
Ils résonnent,
Encore,
Encore plus fort,
Je n'en peux plus
Je veux les faire taire

J'entends les anges,

Louer les chants des démons
Tel un souffle dans les vagues,
Un écho, dans les montagnes
Je veux en finir par tous les moyens
Tic,
Tac
J'attends,
Encore,
C'est tellement dur,
De succomber à la lâcheté
Alors j'inspire,
Et vois ton visage,
Et la douleur qui l'accompagne
Si je mourrais à présent,
Mon cadavre se décomposerait seul
Pendant des semaines,
Seul dans cette pièce
Vous ne sauriez pas,
A quel moment
J'ai décidé,
D'abandonner
Alors je reste là,
A vider les bouteilles de bière,
Et à me demander
Si quelqu'un pleurerait ma mort,
Si toi,
Tu pleurerais
Tic,
Tac
Si tu abandonnes aujourd'hui,

Ce soir,
Tu recommenceras,
Chaque soir
A te demander,
Quel choix sera le bon
Entre la vie,
Entre la mort
Mais tu n'arrives toujours pas à te décider
Alors tu attends,
Tu attends
Tu sens la mort t'envahir,
Le désespoir te soutenir
Mais le courage est donné à ceux qui résistent
A la mort,
Mais aussi à la vie
Alors,
Que fais-tu ?
Que choisis-tu ?
De souffrir jusqu'à la fin des temps,
Et d'espérer un amour perdu
Ou de tout abandonner,
Et voir s'évanouir,
L'espoir,
Qui est le seul maître de ton existence
Et c'est là que je te dis une chose,
Une seule chose
Attends,
Vis,
Garde espoir en ton âme
Tu ne sais pas de quoi demain sera fait

Alors ne meurs pas,
Vis,
Vis pour connaître le lendemain,
Vis pour aimer,
Pour voir,
Pour apprécier,
Pour pleurer,
Pour vivre tout simplement,
VIS
Reste maître de ton espoir,
Reste le souverain de ta vie
L'horloge du temps ne s'arrêtera jamais,
Ni pour toi,
Ni pour personne
Alors défie et profite de chaque seconde,
De chaque minute,
De chaque heure,
De chaque siècle
VIS

La maison des cœurs brisés

L'esclave hanté par un souvenir de liberté
Le blasphème d'une angoisse certaine
La complaisance de tous ces pauvres types
Sauve ton amour de cette souffrance,
Il est encore temps

La servitude de l'espoir,
L'inconscience de cet amour perdu
L'envie d'une autre chance
Sauve ton amour de cette souffrance,
Il est encore temps

La maison des cœurs brisés
Abrite tout être inondé de peine
Et le protège de son amertume
Alors sauve ton amour de cette souffrance,
Il est encore temps,
Pour l'instant

Ne me remplace pas

Tu es ma moitié,
La fin de la mélodie
L'espoir des moments les plus sombres
Alors ne me remplace pas

Tu es la tendresse qui me caresse chaque soir
Le lampadaire qui éclaire mon chemin
La foi qui habite mon âme
Alors ne me remplace pas

Je n'ai jamais aimé quelqu'un autant que toi
Tu habites mes nuits, mes jours
Tu es l'espoir de mes moments les plus flous
Alors ne me remplace pas

Creuse encore et encore
Cherche, comprends, mon amour
Cette chose que je ressens pour toi
Alors ne me remplace pas

Tu verras dans mes yeux,
Les années que j'ai passé à t'attendre
Les siècles de douleurs,
Alors ne me remplace pas

Tu ne sauras jamais combien je t'aime
Combien de fois j'ai rêvé de toi
Ni quand mon âme se laissera emporter par les courants
Alors ne me remplace pas

De l'autre côté de la barrière

De l'autre côté de la barrière
Des âmes alignées
Attendent
Pendant que derrière elles
Les corps empilés pourrissent

Ce n'est qu'un camp d'extermination
Un endroit où l'on donne sa vie,
Son souffle et sa force
Jusqu'à la mort
Jusqu'au coucher du soleil

Le silence et la terreur,
Habitent ces lieux
Les salopards,
Assoiffés par la violence

Ne demandent qu'à voir
Des corps, meurtris
Par le néant,
La souffrance et la soumission

Je fais le rêve d'une nuit paisible

Je fais le rêve d'une nuit paisible
Une nuit où je ne connaîtrai,
Ni l'amour, ni la tristesse

Je fais le rêve d'une vie sans souvenirs
Une vie que les vagues effacent,
Au fur et à mesure que mes pas s'enfoncent dans le sable

Je fais le rêve de ne connaître personne
Pour ne pas avoir de regrets,
Pour ne pas voir partir ceux que j'aime les uns après les autres

Je fais le rêve que mon âme ne mourra jamais
Que les ténèbres ne soient qu'un mythe
Que la foi et la beauté de l'univers me portent vers l'au-delà

Mes adieux

C'est ce jour, ce samedi soir,
Que j'ai choisi

J'ai cessé de donner des nouvelles,
Depuis un mois déjà

J'ai pris le temps,
De réfléchir à ce que j'allais écrire

Chaque jour, de ce mois
Etait une chance, de vivre

J'ai attendu, encore
Mais en vain

Je sais que ce soir vous serez tous heureux,
En famille ou avec vos amis

Et que moi,
Je serai ici, seule

Chaque jour,
Est la promesse d'un nouvel espoir

Mais chaque nuit,
L'abandon de toute espérance

Chaque soir je regardais sa photo,
Son visage si tendre, allongée dans l'herbe

Mais pourtant c'est bien toi que j'aime,
C'est bien à toi que je pense chaque jour

C'est donc à toi que je dédie cette lettre,
Que je dédie mes adieux

Je te lègue tout,
Mon souvenir, ainsi que tout ce que j'ai

J'ai tant essayé,
De m'accrocher à la vie

Mais sans toi,
Elle ne valait rien

Je me suis alors,
Rendu compte,

Que tous ceux que j'aimais,
Ne m'aimaient pas

C'est tellement dur,
De se rendre compte

Que mon amour,
S'enfuit dans le vent

Si tu cherches une réponse,
Sache que tu l'étais

T'étais ma meilleure amie,
Et j'aimais tellement être avec toi

Mais je t'ai perdue
Et personne ne pourra te remplacer

Et personne n'a su,
M'aimer autant que tu m'as aimée

C'est donc ce soir,
Que je termine le chapitre de ma vie

Que je décide,
Malgré moi

De me fendre les veines,
Avec une lame

La douleur est terrible,
Mais pas celle du corps

Celle de l'âme,
Qui sait qu'elle est sur le point de s'éteindre

J'hésite toujours,
Encore

Si je dois mourir,
Si je dois vivre

Mais je sais,
Qu'à mon réveil,

La douleur,
Sera la même

Je me laisse alors,
M'endormir sous la douleur

M'endormir,
Sur ton souvenir

Je n'oublierai jamais ce que j'ai perdu

Réveille-moi,
Lorsque la ville aura oublié,
Que les arbres auront changé de couleur
Et que le soleil se sera éloigné

Vingt années se seront écoulées,
Pendant que je cherchais,
Comment t'oublier

Où seras-tu,
Lorsque les lampadaires scintilleront de l'autre côté de la rive
Que les étoiles se reflèteront dans l'océan
Et qu'Éridan dévoilera un fleuve abandonné

Quarante années se seront échappées
Pendant que tu m'oubliais

Tu es partie, encore

Tu revenais,
Le temps d'un été
Passer du temps,
Avec ceux que tu aimais

J'aimais être avec toi,
T'écouter me parler
Te voir sourire,
Et sentir ton doux parfum

Tu étais si belle,
Allongée dans l'herbe,
Au bord de la rivière
Et le reflet du ciel dans tes yeux

Je te sentais triste de partir
Sans avoir pu te revoir
Mais tu es partie, encore
En laissant ta moto et ceux qui tiennent à toi

Table des matières

Les anges de l'enfer, les démons du paradis	13
Je perçois ta silhouette comme je m'imagine des formes dans les nuages	16
J'écris des accords peints de notes	17
Ma passion en ton âme perdurera	19
Esquive-toi cette nuit	22
Le pantin de la vie	23
Dans la vallée des damnés	25
Mon âme perdue en ton être	27
La comète	28
Pour toujours et à jamais	29
Et la foule se mit alors à chanter	31
Ne pars pas	32
Il n'est plus temps pour l'amour	34

Ne pleure plus	35
Au revoir	37
Le sang coule le long de tes ailes	39
La guerre des âmes perdues	41
Le phœnix renaîtra	42
Oh maman	43
Je veux la fracasser de violence	44
L'esclave damné de notre éternité	45
Je croyais	47
Si vous croyez aux rêves	48
Reviens	49
Illusion	51
Notre dernier adieu	52
Elle valsait dans le vent	54
Chante mes louages chaque soir	56
Le temps	57
Rester debout	58

Je t'attendrai	59
Pourquoi tous ceux que j'aime m'abandonnent ?	60
Il faut savoir s'arrêter	61
Cet ange aux ailes brisées	62
J'aime te parler	64
Si tu vois, As-tu vu ?	65
L'horloge du temps	67
La maison des cœurs brisés	71
Ne me remplace pas	72
De l'autre côté de la barrière	74
Je fais le rêve d'une nuit paisible	75
Mes adieux	76
Je n'oublierai jamais ce que j'ai perdu	80
Tu es partie, encore	81